GRAMMAIRE

MUSICALE

AD. LE CARPENTIE[R]

GRAMMAIRE MUSICALE

CONTENANT

LES PRINCIPES DE LA MUSIQUE

PAR DEMANDES ET RÉPONSES

Extraite

DU PETIT SOLFÉGE POUR LES ENFANTS

PAR

AD. LE CARPENTIER

PREMIÈRE PARTIE

DEUXIÈME ÉDITION

PRIX NET : 1 FR. 25 CENT.

MAISON J. MEISSONNIER FILS,
COMPAGNIE MUSICALE, ÉDITEUR-COMMISSIONNAIRE,
18, *Rue Dauphine, à Paris.*
Pianos de Boisselot & Fils.

MUSIQUE TYPOGRAPHIQUE
DE TANTENSTEIN ET CORDEL,
92, rue de la Harpe.

Paris.—Imp. Bailly, Divry et Comp., 2, place Sorbonne.

SOLFÉGE.

L'élève ne devra apprendre les principes de musique que graduellement et à mesure qu'il dira les leçons du solfége, de manière à ce que le précepte et l'exemple puissent se graver en même temps dans sa mémoire; j'ai tâché, autant que possible, de mettre ces principes à la portée des commençants, je laisse au professeur le soin de donner verbalement les explications qu'il jugera nécessaires, et qui devront être appropriées aux capacités particulières de chaque élève.

PRINCIPES ÉLÉMENTAIRES DE MUSIQUE.

ARTICLE 1er.

DE LA MUSIQUE, DU NOM DES NOTES ET DE LA GAMME.

Demande. *Qu'est-ce que la musique?*

Réponse. C'est l'art de combiner les sons.

D. Comment représente-t-on les sons?

R. Par des signes que l'on appelle notes.

D. Comment nomme-t-on ces notes?

R. On les nomme UT, RÉ, MI, FA, SOL, LA, SI.

D. Ces notes représentent-elles chacune un son?

R. Oui, les notes UT, RÉ, MI, FA, SOL, LA, SI, représentent sept sons montant progressivement.

D. Qu'est-ce que la gamme?

R. C'est la succession des sept notes, auxquelles on en ajoute une huitième qui est la réplique ou l'octave de la première.

EXEMPLE :

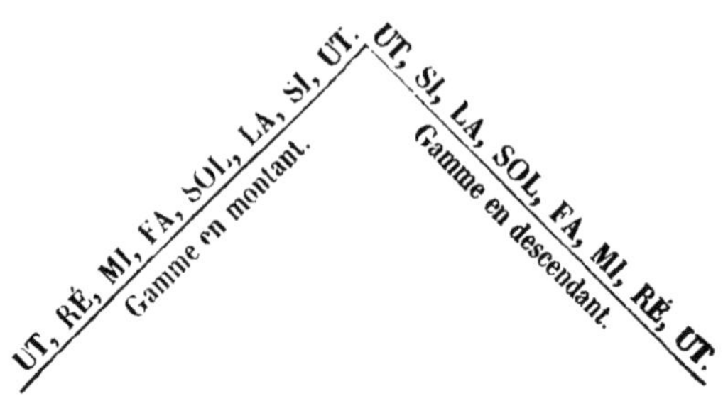

ARTICLE II.

DE LA PORTÉE ET DES CLÉS.

D. Qu'est-ce qu'on appelle une portée?

R. On appelle portée, cinq lignes horizontales tracées l'une sous l'autre.

D. Quelle est la première ligne?

R. C'est celle du bas.

PORTÉE.

5e ......
4e ......
3e ......
2e ......
1re ligne.

D. A quoi sert la portée?

R. La portée sert à reconnaître le nom des notes d'après la place qu'elles occupent sur les lignes ou entre les lignes.

D. Les notes dépassent-elles quelquefois la portée?

R. Oui.

D. De quel moyen se sert-on pour indiquer le nom des notes, lorsqu'elles dépassent la portée?

R. On ajoute d'autres petites lignes, que l'on appelle lignes supplémentaires.

EXEMPLE.

Lignes supplémentaires.

Lignes supplémentaires.

D. *Qu'est-ce qu'une clé?*

R. Une clé est un signe que l'on met au commencement de chaque portée.

D. *Y a-t-il plusieurs clés?*

R. Oui.

D. *Quels sont leurs noms?*

R. La clé de *sol*, la clé de *fa*, la clé d'*ut*.

D. *A quoi servent les clés?*

R. A déterminer le nom des notes, d'après la place que ces clés occupent sur les lignes de la portée.

D. *Ne place-t-on pas chacune de ces clés sur différentes lignes?*

R. Oui.

D. *Quelles sont les clés les plus usitées?*

R. Ce sont: la clé de SOL seconde ligne et la clé de FA quatrième ligne.

Clé de *sol* 2e ligne. Clé de *fa* 4e ligne.

D. *Quel est l'usage de ces deux clés?*

R. La clé de SOL indique les sons aigus, et la clé de FA les sons graves.

D. *Comment reconnaît-on que la clé de* SOL *est placée sur la deuxième ligne?*

EXEMPLE.

R. Par la boucle de la clé posée sur cette ligne.

D. *Que signifie la clé de* SOL *placée sur la seconde ligne?*

EXEMPLE.

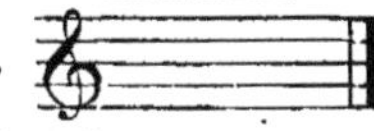

R. Elle indique que la note placée sur cette ligne devra s'appeler SOL.

REMARQUE. La clé, en fixant le nom et la place d'une seule note, détermine par cela même le nom et la place de toutes les autres.

POSITION DES NOTES DE LA GAMME A LA CLÉ DE *SOL.*

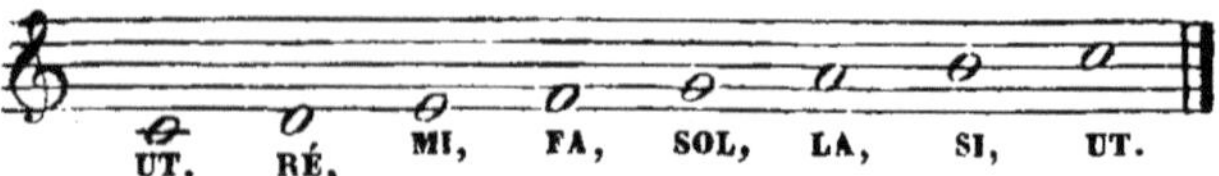

La clé de *sol* seconde ligne et la clé de *fa* quatrième ligne étant les plus en usage, on les appelle, par abréviation, clé de *sol* et clé de *fa*, la dénomination des lignes est sous-entendue (1).

ARTICLE III.

DE LA MESURE ET DE LA VALEUR DES NOTES.

D. Qu'est-ce qu'on entend par battre la mesure en solfiant?

R. On bat la mesure en marquant des temps égaux avec la main, en même temps que l'on chante les notes.

D. Y a-t-il différentes manières de diviser ces temps?

R. Oui, il y a des mesures à deux, trois et quatre temps.

MANIÈRE DE BATTRE CES DIFFÉRENTES MESURES.

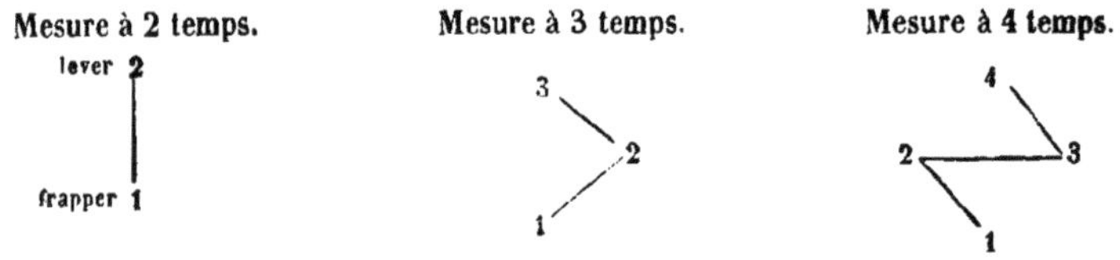

D. A quoi sert la mesure?

R. A donner à chaque note la durée ou valeur qui lui est nécessaire.

D. Pour indiquer la valeur des notes, ne leur donne-t-on pas différentes formes?

R. Oui.

D. Comment appelle-t-on ces différentes formes de notes?

R. On les appelle : ronde 𝅝, blanche 𝅗𝅥, noire ♩, croche ♪, double croche 𝅘𝅥𝅯, triple croche 𝅘𝅥𝅰, et quadruple croche 𝅘𝅥𝅱.

(1) On trouvera, page 84, des explications concernant la clé de *fa*.

D. Quelle est la valeur de la Ronde?

R. La Ronde . .

vaut

2 blanches. . . .

ou 4 noires. . . . .

ou 8 croches . . . .

ou 16 doubles croches

ou 32 triples croches.

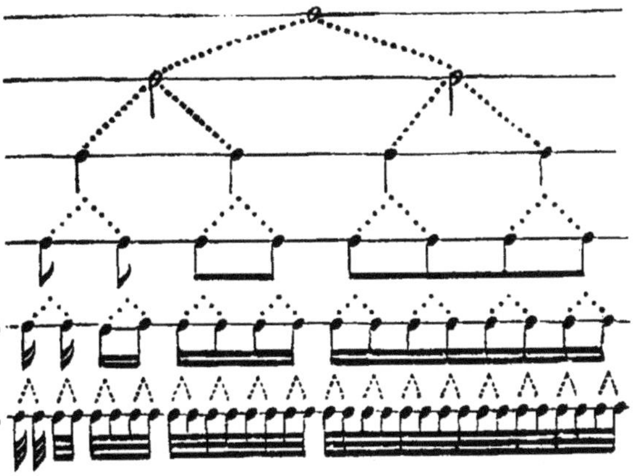

D. Quelle est la valeur de la Blanche?

R. La Blanche. . . . .

vaut

2 noires . . . .

ou 4 croches . . . .

ou 8 doubles croches . . . .

ou 16 triples croches. . . . .

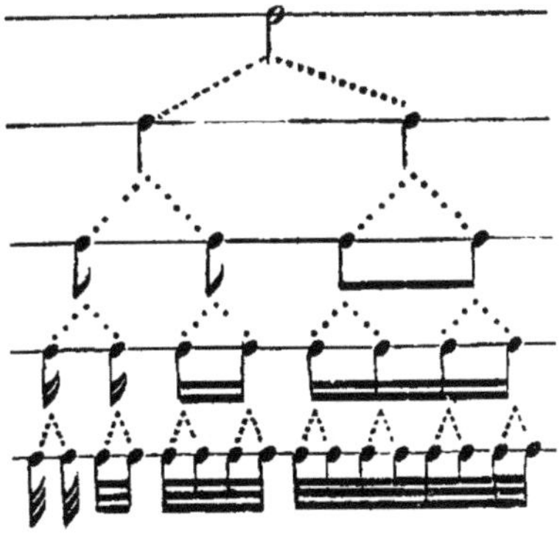

D. Quelle est la valeur de la Noire?

R. La Noire . . . .

vaut

2 croches. . . . .

ou 4 doubles croches . . . .

ou 8 triples croches. . . . .

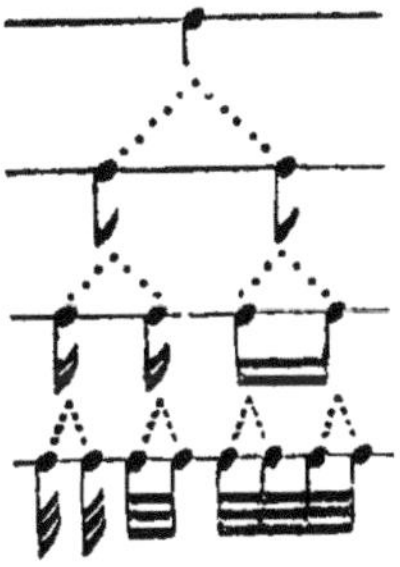

D. Quelle est la valeur de la Croche?

R. La Croche . . . .

vaut

2 doubles croches . . . .

ou 4 triples croches . . . .

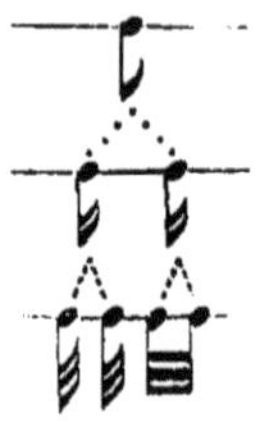

D. Quelle est la valeur de la Double Croche?

R. La Double Croche . . . .

vaut

2 triples croches . . . .

ou 4 quadruples croches . . . .

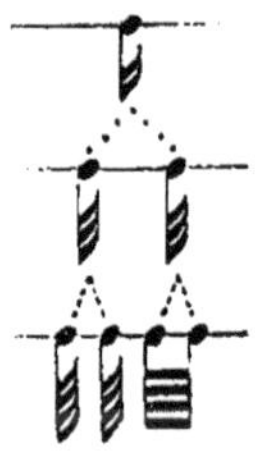

ARTICLE IV.

DES INTERVALLES

D. Qu'est-ce qu'un intervalle?

R. C'est la distance d'un son à un autre.

D. Combien y a-t-il d'intervalles?

R. Il y en a sept.

D. Comment les nomme-t-on?

R. On les nomme: seconde, tierce, quarte, quinte, sixte, septième et octave.

D. Que signifient ces différentes dénominations d'intervalles?

R. Elles indiquent les degrés dont ils se composent.

D. Donnez la définition de ces intervalles en parcourant la gamme dans les huit degrés dont elle est composée?

R. Ut étant le premier degré, il y a

D'ut à ré, 2 degrés . . . . . SECONDE.

D'ut à mi, 3 degrés . . . . . TIERCE.

D'ut à fa, 4 degrés . . . . . QUARTE.

D'ut à sol, 5 degrés . . . . . QUINTE.

D'ut à la, 6 degrés . . . . . SIXTE.

D'ut à si, 7 degrés . . . . . SEPTIÈME.

D'ut à ut, 8 degrés . . . . . OCTAVE.

Remarque L'octave d'un son est la répétition de ce son à huit degrés de distance, en montant la gamme; lorsqu'on est arrivé au second *ut,* qui est l'octave du premier, on peut recommencer une nouvelle gamme une octave au-dessus de la première.

GAMME DANS L'ÉTENDUE DE DEUX OCTAVES.

(La clé de *sol* peut indiquer encore des notes plus graves et plus aiguës; on en trouvera des exemples page 83.)

ARTICLE V.

DES SILENCES.

D. Qu'est-ce qu'un silence?

R. Un silence est un signe que l'on place sur la portée, et qui indique qu'il faut s'interrompre pendant un certain temps, sans pour cela discontinuer la mesure.

D. Y a-t-il différents silences?

R. Oui, il y en a autant que de valeurs de notes.

D. Quels sont les noms des différents silences?

R. La pause, la demi-pause, le soupir, le demi-soupir, le quart de soupir, le demi-quart de soupir et le seizième de soupir.

D. Quel est le rapport existant entre les silences et les valeurs de notes?

R. La Pause . . . .
vaut une ronde. . . . .

La Demi-Pause, ...
une blanche . . . .

Le Soupir, ...
une noire . . . .

Le Demi-Soupir, ...
une croche . . . .

Le Quart de Soupir, ...
une double croche . . . .

Le Demi-Quart de Soupir, ...
une triple croche . . . .

Le Seizième de Soupir, ...
une quadruple croche . . . .

D. N'y a-t-il pas une observation particulière à faire sur la pause?

R. Oui, c'est qu'elle vaut toujours une mesure entière, quand bien même la mesure serait à deux, trois ou quatre temps.

REMARQUE. Lorsqu'il faut s'interrompre pendant plusieurs mesures de suite, on indique ce silence par des bâtons de deux et quatre pauses.

Bâton de 2 pauses. Bâton de 4 pauses.

ARTICLE VI.

DU POINT PLACÉ APRÈS UNE NOTE, ET DU TRIOLET.

D. A quoi sert le point lorsqu'il est placé après une note?
R. Il augmente la note de la moitié de sa valeur.

Une Ronde pointée . . . .

vaut trois blanches . . . . . .

Une Blanche pointée, ...

trois noires. . . . .

Une Noire pointée, ...

trois croches . . . .

Une Croche pointée, ...

trois doubles croches . . . . . .

Une Double Croche pointée . . . .

trois triples croches . . . . . .

Une Triple Croche pointée, ...

trois quadruples croches . . .

D. Ne met-on pas aussi quelquefois des points après les silences?

R. Oui.

D. Quel est leur effet?

R. D'augmenter les silences, comme les notes, de la moitié de leur valeur.

D. Peut-on placer plusieurs points après une note ou un silence?

R. Oui, on en place quelquefois deux; dans ce cas, le second vaut la moitié de celui qui le précède.

D. Qu'est-ce qu'un triolet?

R. C'est un groupe de trois notes égales qui remplacent deux notes de même valeur.

D. Comment reconnaît-on le triolet?

R. Par un 3 placé au-dessus du groupe de trois notes; quelquefois, lorsque deux triolets se suivent, on met un 6 au-dessus du groupe de six notes.

ARTICLE VII.

DES BARRES DE MESURES, ET DES MESURES LES PLUS USITÉES.

D. Qu'appelle-t-on barres de mesures?

R. On appelle barres de mesures des lignes verticales tracées sur la portée.

BARRES DE MESURES.

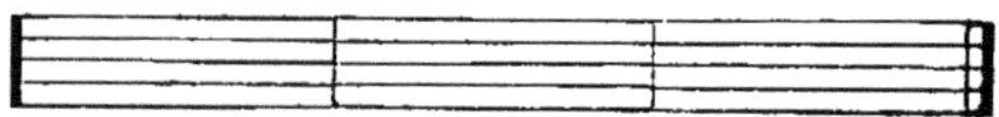

D. A quoi servent les barres de mesures?

R. A renfermer la valeur des temps de la mesure.

D. De quelle manière indique-t-on la valeur de chaque mesure?

R. Par un signe ou un chiffre que l'on place au commencement de la portée.

D. Quelles sont les mesures les plus usitées?

R. Les mesures les plus usitées sont: la mesure à quatre temps C, ou **4**, la mesure à trois-quatre $\frac{3}{4}$, la mesure à trois-huit $\frac{3}{8}$, la mesure à deux temps ₵, ou **2**, la mesure à deux-quatre $\frac{2}{4}$, et la mesure à six-huit $\frac{6}{8}$.

D. Que signifient ces différentes dénominations de mesures?

R. La mesure à quatre temps se compose d'une ronde ou de la valeur d'une ronde.

MESURE A QUATRE TEMPS.

La mesure à trois-quatre, des trois quarts d'une ronde.

MESURE A TROIS-QUATRE.

La mesure à trois-huit, des trois huitièmes d'une ronde.

MESURE A TROIS-HUIT.

La mesure à deux temps, d'une ronde ou de la valeur d'une ronde.

MESURE A DEUX TEMPS.

La mesure à deux-quatre, des deux quarts d'une ronde.

MESURE A DEUX-QUATRE.

La mesure à six-huit, des six huitièmes d'une ronde.

MESURE A SIX-HUIT.

Remarque. Les mesures se divisent en temps forts et faibles; le temps fort est celui qui a le plus d'effet. Dans la mesure à deux temps, le premier est fort, le second est faible; dans la mesure à trois temps, le premier est fort, les deux autres sont faibles; dans la mesure à quatre temps, le premier et le troisième temps sont forts, les deux autres sont faibles.

Il y a des mesures simples et des mesures composées : les mesures simples sont celles dont les temps se composent de notes simples; les mesures composées sont celles dont les temps se composent de notes pointées; ainsi, par exemple, la mesure à six-huit est une mesure composée. (Il existe un grand nombre de mesures composées, mais elles sont peu en usage : la mesure à six-huit est la seule dont on se serve souvent dans la musique moderne.)

ARTICLE VIII.

DE LA LIAISON ET DE LA SYNCOPE.

D. Qu'est-ce qu'une liaison?

R. C'est une ligne courbe ⁀ que l'on met quelquefois au-dessus ou au-dessous des notes.

D. Quel est l'effet de la liaison?

R. Lorsqu'une liaison est placée au-dessus de plusieurs notes semblables, on doit soutenir le son de la première note, et le prolonger sans répéter les autres.

EXEMPLE.

Remarque. Lorsqu'une liaison est placée au-dessus de notes différentes . . . . . elle indique que les sons doivent être soutenus. Les sons, en général, doivent être émis de cette manière, et, à moins que les notes ne soient surmontées de points, ce qui indique qu'elles doivent être détachées, la liaison est toujours sous-entendue.

D. Qu'est-ce qu'une syncope ?

R. C'est une note coupée par le temps ou par la mesure.

EXEMPLE DE DIFFÉRENTES SYNCOPES.

Remarque. La syncope commence sur le temps faible et se prolonge sur le temps fort; lorsqu'elle est formée de deux notes d'inégale valeur, elle se nomme *syncope brisée*.

ARTICLE IX.

DU TON ET DU DEMI-TON.

D. *Qu'est-ce qu'un ton?*

R. C'est la distance qui existe entre une note et celle qui la suit, dans une gamme montante ou descendante.

D. *Y a-t-il des intervalles plus petits qu'un ton?*

R. Oui, il y a des intervalles d'un demi-ton.

D. *Dans une gamme, les notes sont-elles toutes placées à la distance d'un ton?*

R. Non, il y en a entre lesquelles il n'y a que la distance d'un demi-ton.

ARTICLE X.

DES SIGNES D'ALTÉRATION.

D. *N'y a-t-il pas des signes que l'on met devant les notes, et qui ont pour effet d'en changer l'intonation?*

R. Oui : il y a le *dièse* ♯, le *bémol* ♭, le *double-dièse* ✕, le *double-bémol* 𝄫, et le *bécarre* ♮.

D. *A quoi sert le dièse?*

R. A hausser la note d'un demi-ton.

D. *A quoi sert le bémol?*

R. A baisser la note d'un demi-ton.

D. *A quoi sert le double-dièse?*

R. A hausser la note d'un ton.

D. *A quoi sert le double-bémol?*

R. A baisser la note d'un ton.

D. *A quoi sert le bécarre?*

R. A remettre la note dans son ton naturel.

D. *Comment se posent les dièses?*

R. De quinte en quinte en montant, en commençant par *fa*.

D. *Comment se posent les bémols?*

R. De quarte en quarte en montant, en commençant par *si*.

D. Sur quelles notes se posent les dièses?

R. Sur FA, UT, SOL, RÉ, LA, MI, SI.

D. Sur quelles notes se posent les bémols?

R. Sur SI, MI, LA, RÉ, SOL, UT, FA.

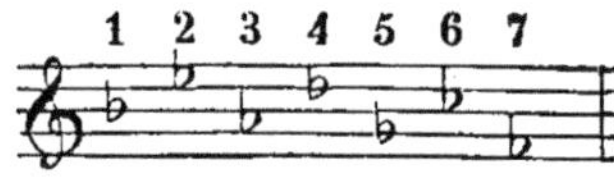

D. A quelle place pose-t-on le dièse et le bémol?

R. On les pose au commencement de la portée, immédiatement après la clé, ou bien seulement dans le courant du morceau de musique.

D. Lorsque les dièses sont placés à la clé, quel est leur effet?

R. Les notes, sur les lignes desquelles ils sont posés, doivent être haussées d'un demi-ton pendant toute la durée du morceau, à moins qu'elles ne soient remises dans leur ton naturel par un bécarre.

D. Lorsque les bémols sont placés auprès de la clé, quel est leur effet?

R. Les notes, sur les lignes desquelles ils sont posés, doivent être baissées d'un demi-ton pendant toute la durée du morceau, à moins qu'elles ne soient remises dans leur ton naturel par un bécarre.

D. Quel est l'effet du dièse et du bémol quand ils sont posés isolément devant une note?

R. Alors, ils ne changent l'intonation de la note que pendant l'espace d'une mesure, et ils se nomment dièse ou bémol accidentel.

D. Le dièse et le bémol n'ont-ils pas un nom commun par lequel on les désigne tous deux?

R. Oui, le dièse et le bémol s'appellent Signes d'altération.

ARTICLE XI.

DES GAMMES.

D. *Qu'est-ce que le ton d'une gamme?*

R. C'est la note principale sur laquelle cette gamme est établie.

D. *Qu'est-ce qu'une gamme dans le ton ou mode majeur?*

R. C'est une gamme où les demi-tons se trouvent placés entre le troisième et quatrième degré, et le septième et huitième.

GAMME MAJEURE.

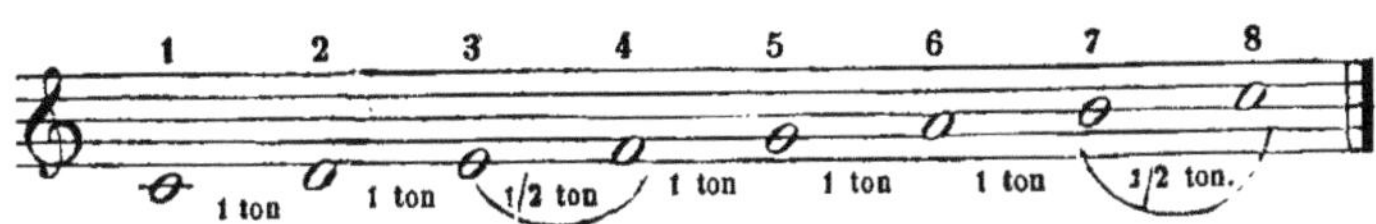

D. *Qu'est-ce qu'une gamme mineure?*

R. C'est une gamme où le premier demi-ton est placé entre le second et le troisième degré.

GAMME MINEURE.

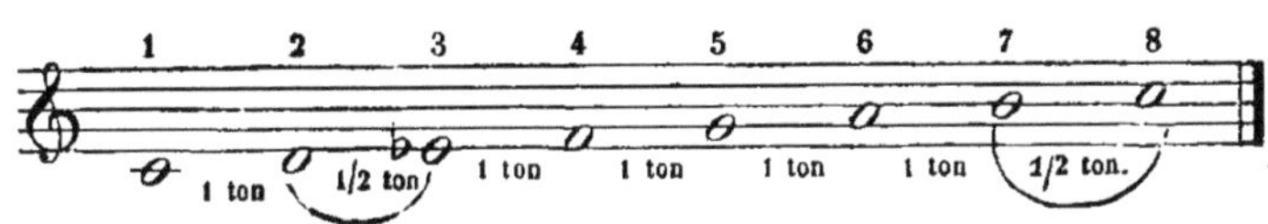

D. *Les gammes majeures et mineures n'ont-elles pas un nom commun par lequel on les désigne indistinctement?*

R Oui, les gammes majeures et mineures s'appellent gammes diatoniques.

Remarque. Chaque note de la gamme peut devenir note principale d'une gamme, et ces notes peuvent même être altérées par des dièses ou des bémols; ainsi, la gamme commençant par *ut* peut être gamme d'*ut* naturel, d'*ut* dièse, d'*ut* bémol; il en est de même pour les autres notes.

La première note d'une gamme s'appelle *tonique*, la quatrième *sous-dominante*, la cinquième *dominante*, et la septième ou avant-dernière s'appelle *note sensible;* ces noms ont été donnés aux notes pour indiquer leur position par rapport au ton.

(Voir les traités d'harmonie pour plus de détails.)

D. Y a-t-il d'autres gammes que les gammes diatoniques?

R. Oui, il y a la gamme chromatique.

D. Qu'est-ce qu'une gamme chromatique?

R. C'est une gamme composée seulement de demi-tons.

GAMME CHROMATIQUE AVEC DES DIÈSES.

GAMME CHROMATIQUE AVEC DES BÉMOLS.

ARTICLE XII.

DE LA MANIÈRE DE CONNAITRE DANS QUEL TON EST UN MORCEAU DE MUSIQUE.

D. Chaque ton majeur n'a-t-il pas un ton mineur relatif?

R. Oui.

D. Quels sont les tons qui sont relatifs?

R. Ce sont ceux qui ont le même nombre de signes d'altérations à la clé.

D. Comment connaît-on le ton majeur lorsqu'il y a des dièses à la clé?

R. En montant un degré au-dessus du dernier dièse posé à la clé.

D. Comment reconnaît-on le ton relatif mineur?

R. En descendant deux degrés au-dessous du ton majeur.

D. Dans quel ton ou dans quelle gamme est un morceau de musique lorsqu'il n'y a ni dièses ni bémols à la clé?

R. En UT majeur ou LA mineur.

D. Dans quel ton, avec un dièse?

R. En SOL majeur ou MI mineur.

D. *Dans quel ton, avec deux dièses?*

R. En RÉ majeur ou SI mineur.

D. *Dans quel ton, avec trois dièses?*

R. En LA majeur ou FA dièse mineur (1).

D. *Dans quel ton, avec quatre dièses?*

R. En MI majeur ou UT dièse mineur.

D. *Dans quel ton, avec cinq dièses?*

R. En SI majeur ou SOL dièse mineur.

D. *Dans quel ton, avec six dièses?*

R. En FA dièse majeur ou RÉ dièse mineur.

D. *Dans quel ton, avec sept dièses?*

R. En UT dièse majeur ou LA dièse mineur.

D. *Comment connaît-on le ton majeur lorsqu'il y a des bémols à la clé?*

R. En montant quatre degrés au-dessus du dernier bémol posé à la clé.

D. *Comment reconnaît-on le ton relatif mineur?*

R. Comme pour les dièses, en descendant deux degrés au-dessous du ton majeur.

D. *Dans quel ton est un morceau de musique avec un bémol à la clé?*

R. En FA majeur ou RÉ mineur.

D. *Dans quel ton, avec deux bémols?*

R. En SI bémol majeur ou SOL mineur.

D. *Dans quel ton, avec trois bémols?*

R. En MI bémol majeur ou UT mineur.

D. *Dans quel ton, avec quatre bémols?*

R. En LA bémol majeur ou FA mineur.

D. *Dans quel ton, avec cinq bémols?*

R. En RÉ bémol majeur ou SI bémol mineur.

D. *Dans quel ton, avec six bémols?*

R. En SOL bémol majeur ou MI bémol mineur.

D. *Dans quel ton, avec sept bémols?*

R. En UT bémol majeur ou LA bémol mineur.

REMARQUE. Il est passé en habitude de dire aux élèves qu'un morceau de musique est dans le ton mineur lorsque la note sensible de ce ton est altérée

---

(1) On dit *fa dièse* parceque le *fa* est diésé à la clé.

dans les premières mesures : cette explication cependant laisse beaucoup d'incertitude, la note sensible pouvant être altérée par un dièse, un double dièse, ou bien même être remise dans son ton naturel par un bécarre. Une objection reste encore à faire, c'est que la note sensible peut être altérée sans que pour cela le morceau soit dans le ton mineur, et qu'il peut aussi être dans le ton mineur sans que la note sensible soit altérée.

EXEMPLE.

UT *majeur.*

LA *mineur.*

L'élève ne saura donc bien reconnaître le ton mineur que lorsqu'il pourra s'en rendre compte en exécutant les premières mesures du morceau.

ARTICLE XIII.

DES MOUVEMENTS, DES NUANCES, ET DE QUELQUES MOTS ET SIGNES ACCESSOIRES.

D. Qu'est-ce que le mouvement?

R. C'est le degré de lenteur ou de vitesse que l'on donne à la mesure.

D. Comment indique-t-on les mouvements?

R. Par des mots italiens placés au commencement du morceau.

MOUVEMENTS.

MOTS ITALIENS.	SIGNIFICATIONS.	MOTS ITALIENS.	SIGNIFICATIONS.
Grave.	Grave.	*Sostenuto*	Soutenu.
Largo.	Lent.	*Maestoso*.	Majestueux.
Adagio.	Lent.	*Moderato*.	Modéré.
Cantabile	Lent.		

MOTS ITALIENS.	SIGNIFICATIONS.
Larghetto	Différentes nuances de mouvements modérés et gracieux.
Andante	
Andantino. . . .	
Grazioso.	
Cantabile	
Allegretto	
Tempo di marcia.	Mouvement de marche.
Simplice	Simplement.
Scherzando . . .	En badinant.
Allegro.	Gai et un peu vif.
Risoluto	Résolu.
Presto	Vif.
Prestissimo . . .	Très vif.

Ces mouvements sont quelquefois modifiés par les mots.

MOTS ITALIENS.	SIGNIFICATIONS.
Poco a poco . . .	Peu à peu.
Un poco.	Un peu.
Molto ou assai. .	Beaucoup.
Non troppo. . . .	Pas trop.
Più.	Plus.

D. *Qu'entend-on par nuances?*

R. Les nuances sont les différentes modifications de force ou de douceur que l'on donne aux sons.

D. *Comment marque t-on les nuances?*

R. Par des mots italiens que l'on écrit presque toujours par abréviation, et qui se placent dans le courant du morceau.

TERMES DE NUANCES.

MOTS ITALIENS.	ABRÉVIATIONS.	SIGNIFICATIONS.
Piano ou *dolce*.	*P* ou *dol*.	Doux.
Pianissimo	*PP*.	Très doux.
Forte	*F*.	Fort.
Fortissimo.	*FF*	Très fort.
Mezzo forte	*mf* ou *mez.f* . . .	Demi-fort.
Sforzando ou *Rinforzando*	Λ *sf* ou *Rinf*. . . .	En renforçant le son subitement.
Crescendo.	$<$, ou *cres*.	En augmentant le son peu à peu.
Decrescendo, ou *diminuendo*	$>$, *decres*., ou *dimin* . . .	En diminuant le son peu à peu.
Espressivo.	*espress*.	Avec expression.

DE QUELQUES MOTS ACCESSOIRES.

MOTS ITALIENS.	SIGNIFICATIONS.
Sempre	Toujours.
Fine.	Fin.
In tempo.	Reprendre le mouvement.
Da capo, par abréviation *D. C.* .	Reprendre du commencement.
Ad libitum.	A volonté.

DE QUELQUES SIGNES ACCESSOIRES.

Le renvoi 𝄋 indique qu'il faut recommencer à l'endroit où il est placé.

Les barres de terminaison se mettent à la fin du morceau.

Deux barres placées dans le courant du morceau s'appellent reprises.

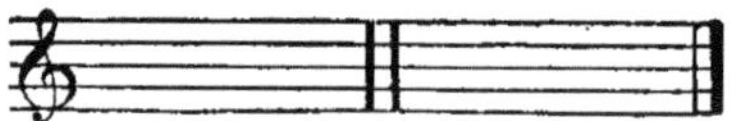

Les reprises suivies de points indiquent qu'il faut dire deux fois la section de l'ouvrage contenue entre elles.

L'accolade sert à réunir les portées.

Le point d'arrêt ou point d'orgue 𝄐 placé au-dessus d'une note ou d'un silence indique que la note ou le silence doivent être tenus un peu plus de temps que leur valeur, la mesure pendant ce temps reste suspendue, et recommence immédiatement sur la note ou le silence qui suivent le point d'arrêt.

ARTICLE XIV.

DES PETITES NOTES OU NOTES D'AGREMENT, ET DU TRILLE.

D. Que désigne-t-on sous le nom de petites notes ou notes d'agrément?

R. On appelle ainsi des notes qui n'ont pas de valeur réelle dans la mesure, et qui sont écrites en petits caractères.

D. A quoi servent les petites notes?

R. Les petites notes servent à orner la mélodie (1).

D. Combien y a-t-il d'espèces de petites notes?

R. Il y en a quatre, savoir: l'appoggiature, la petite note simple, les demi-groupes, et les groupes.

D. Qu'est-ce que l'appoggiature?

R. C'est une petite note qui se met au-dessus ou au-dessous des notes réelles de la mélodie, et à laquelle on donne la moitié de la valeur de la note qu'elle précède.

EXEMPLE :

APPOGGIATURE

Effet . . .

D. Qu'est-ce que la petite note simple?

R. C'est une petite note qui se met, comme l'appoggiature, au-dessus ou au-dessous des notes réelles de la mélodie, mais qui s'exécute rapidement.

EXEMPLE :

(1) On appelle Mélodie une suite de sons formant un chant

D. Qu'est-ce qu'un demi-groupe?

R. Un demi-groupe est formé de deux petites notes qui doivent être exécutées d'un mouvement rapide.

EXEMPLE :

D. Qu'est-ce qu'un groupe?

R. C'est un assemblage de trois ou quatre petites notes qui se font avec rapidité.

EXEMPLE :

REMARQUE. Quelquefois le groupe est indiqué par un signe de convention dont la forme est celle-ci ∾; lorsque l'avant-dernière note du groupe doit être altérée, on l'indique ainsi : $\overset{\sharp}{\backsim}$.

D. Qu'est-ce qu'un trille?

R. Un trille est composé de deux notes placées à distance de seconde, et que l'on répète alternativement avec rapidité.

EXEMPLE :

Le Trille s'appelle aussi Cadence.

Les exemples que j'ai indiqués étant suffisants pour les jeunes élèves, je ne donnerai pas plus d'extension à cet article.

CATALOGUE

DE

ROMANCES POUR LES PENSIONS,

AVEC PAROLES CHOISIES POUR LES DEMOISELLES.

L. ABADIE.

Bon cœur porte bonheur. . *Mélodie.*
La jeune fille et le nid . . *Fabliau.*
Loin du bruit des villes . . *Sérénade.*
Secret de jeune fille . . . *Bluette.*

AD. ADAM.

La Kermesse de la jolie fille de Gand. *Chansonnette.*

L. AMAT.

Dieu pour compagnon . . *Romance.*
La Prière du matelot. . . . . *Id.*

ADHÉMAR.

Le doux nom de Marie . . *Mélodie.*

ET. ARNAUD.

L'Alouette. . . . . *Chansonnette.*
L'Ange des prairies. . . *Romance.*
La Bulle de savon . . . . *Mélodie.*
File, file, Jeanne . . . . . . *Id.*
L'Hirondelle d'hiver . . . . . *Id.*
Le Mois de Marie . . . . . . *Id.*
Le Retour des chansons . . . . *Id.*

H. BAUMÈS ARNAUD.

La chanson de l'alouette. *Chansonnette.*

A. DE BEAUPLAN.

L'Enfant naufragé. . . . *Ballade.*
Les Souvenirs du pays . *Tyrolienne.*

F. BÉRAT.

Les Souvenirs d'enfance. . *Romance.*

A. BOIELDIEU.

Prions . . . *Chant du crépuscule.*

Mme BOULANGER-KUNZÉ.

Bergeronnette. . . . . *Bluette.*
Ma petite alouette. . . . . . *Id.*
Petit enfant joyeux . . . . . *Id.*
Plus de bonheur sans toi . *Romance.*

ED. BRUGUIÈRE.

Les Adieux à la Suisse . *Tyrolienne.*
Hymne à Marie. . . . . *Prière.*
Rendez-moi mon léger bateau. *Barc.*
Les Vacances . . . *Chansonnette.*

L. CLAPISSON.

A quel âge est-on grande? *Chansonnet.*
La Bête à Bon-Dieu . . . *Mélodie.*
Le Buis béni. . . . . *Id.*
Les Chansons de la nuit. . *Harmonie.*
Les Châteaux de cartes. . *Fantaisie.*
Dans les bois. . . . . . *Rêverie.*
Deux enfants . . . *Chant du cœur.*
Le Dimanche des Rameaux. *Souvenir de Bretagne.*
L'Emploi de ma journée. *Chansonnette.*
Faire le bien. *Chant de moissonneurs.*
La Mère de famille. . *Simple histoire.*
Mon âme à Dieu, mon cœur à toi! *Rom.*
Les Oiseaux de Notre-Dame. *Harmonie.*
Le Ramoneur au soleil. *Chansonnette.*
Le Rêve d'un enfant . . . *Mélodie.*
Le Réveil du jour. *Harmonie pastorale.*
Le Rossignol et la guitare. *Cantilène.*
Souvenir des montagnes. . . *Mélodie.*
Trois enfants. . . . . *Fabliau.*
Une chanson dans un nid. *Cantatille.*
Une lettre au pays . . *Historiette.*
Un tout petit roi. . . . *Fabliau.*
La Visite du bonheur . *Chansonnette.*
La Voix de l'absence. . . *Mélodie.*

H. DAMOREAU.

Si j'étais grand. . . . . *Mélodie.*

FÉLICIEN DAVID.

Dormez, Marie . . . . *Berceuse.*

Mme DUCHAMBGE.

Les Cloches du couvent. . *Romance.*
Notre Madone . . . . . . *Prière.*
Le Rêve du mousse. . . *Barcarolle.*

CH. HAAS.

Le Jardinier du Roi . *Chansonnette.*
La Jardinière du Roi . . . *Mélodie.*
Les jeunes Tyroliennes . . . . *Id*

JANSENNE.

L'Oreiller d'une petite fille . *Berceuse.*

TH. LABARRE.

Le Baiser d'une mère . . *Romance.*
Ce qui rend les Anges joyeux. *Chant [du soir.*

P. LAGARDE.

La première hirondelle. . *Romance.*
Trois filles du ciel . . . *Mélodie.*

ED. LHUILLIER.

Chanter c'est ma vie . . *Canzonetta.*
La Chanson du Curé . . . *Fabliau.*
Le Duel. . . *Romance dramatique.*
Le Pastel de ma grand'mère. *Souvenir.*
Qui donne aux pauvres prête à Dieu! *Mélodie.*

A. MAILLART.

LE MOULIN DES TILLEULS.

N° 6. Couplets des Moutons *Pastorale.*
N° 8. Ariette.
N° 9. Loin du Pays . . . *Romance.*

MARQUERIE.

Mes Enfants, le bon Dieu vous voit. *Mél.*

F. MASINI.

L Ange du Voyageur . . *Romance*
Le Calme . . . . . . *Mélodie.*
Le Départ de l'hirondelle . . *Ariette.*
Le Départ du marinier . . *Barcarolle.*
Dis-moi qu'ils ont menti . *Romance.*
La Fête du Curé. *Mélodie villageoise.*
Les jeunes filles . . . *Chansonnette.*
Le Langage des Fleurs . . . *Ariette.*
Le Muguet . . . . *Canzonetta.*
L'Orpheline . . . . . *Romance.*
Plus heureux qu'un Roi . *Savoyarde.*
Le Rossignol du foyer. *Fabliau-chans.*

H. MONPOU.

Cantique de Sainte Cécile dans le LUTHIER DE VIENNE. . . . *Ariette.*
Exil et retour . . . . *Barcarolle.*

O'KELLY.

Un Ange. . . . . *Mélodie.*

A. PANSERON.

Le Chevrier de la Montagne. *Tyrolienne.*
Dans une heure je vais danser. *Chans.*
Maman me permet de danser . . *Id.*
Le Retour au Tyrol . . *Tyrolienne.*

J. POTHARST.

Le sauver ou mourir. *Mélodie dramat.*

Mlle L. PUGET.

L'Aigle . . . . *Romance.*
A la grâce de Dieu. . . . . . *Id.*
L'Ange de la montagne . . . . *Id.*
Ave Maria . . . . *Prière.*
Le Bonhomme Dimanche. . *Chanson.*
La Bonne Providence. . . . . *Id.*
Les Chants de ma Provence. *Romance.*
Le Clocher de mon village . *Chans.*
La Crèche . . . . *Prière.*
La Dot d'Auvergne . *Chansonnette.*
La Fête-Dieu . . . . . *Prière.*
La Fleur du ciel. . . . *Romance.*
L'Herbagère et les gens du Roi. *Chans.*
Les Honneurs partagés . . . . *Id.*
Jeune Fille à quinze ans . . . . *Id.*
Ma pauvre grand'mère . *Romance.*
Matines . . . . *Prière.*
Mon rocher de Saint-Malo . *Chans.*
Notre-Dame de la mer . . *Prière.*
Le Pêcheur breton. . . *Romance.*
Père et Pêcheur. . . . *Barcarolle.*
Plus de Mère. . . . . *Romance.*
La Retraite . . . . *Chansonnette.*
Le Rêve de Marie . . . *Romance.*
Le Rêve du pays . . . . . . *Id.*
Le Soleil de ma Bretagne. . *Mélodie.*
Une Députation de Demoiselles. *Chans.*

J.-P. ROLLY.

Enfants, n'effeuillez pas ces roses. *Mél.*

A. THYS.

La fête de l'église . . . *Romance*
La gentille fermière . *Chansonnette.*

F. TOURTE.

Dans la main de Dieu. . *Barcarolle.*

J. VIMEUX.

L'Ange des moissons . . *Romance.*
Bonheur de jeune fille . . *Mélodie.*
La Reine du vallon . . *Chansonnette.*

* * * *

La Polka de Baden-Baden. *Chansonn.*
Deux airs suisses, accompagnement par Masini.
N° 1. Regagnons nos chalets.
N° 2. Restons sur nos montagnes.

AIRS ET SCÈNES DRAMATIQUES,

PAR LUIGI BORDESE.

	fr.	c.
Charlotte Corday. *Soprano* . .	5	»
— — *Contralto*. .	5	»
Clotilde, reine des Francs . .	5	»
Jane Gray	5	»
Corinne. *Soprano*.	4	50
Corinne. *Contralto*	4	50
Jeanne-d'Arc à Rouen. *Soprano*.	6	»
— — *Contralto*.	6	»
La Vierge de Vaucouleurs. *Sopr*.	5	»
— — *Contralto*.	5	»

Ces Scènes ont été composées dans le médium des voix, et sur des paroles convenables, pour les Pensions, afin de servir de morceaux d'étude aux Demoiselles.

NOCTURNES ET PETITS DUOS.

AD. ADAM.

A nous la puissance, *duettino du* Roi D'Yvetot 4 50

L. BORDESE.

PETITS DUOS POUVANT ÊTRE CHANTÉS EN CHOEUR AVEC SOLOS.

Les Chasseresses . . . . . . 5 »
Les Novices. . . . . 5 »
Une Soirée en mer. . . . . . 5 »
Les Martyres . . . . 6 »
Au bord du lac de Côme . . . 5 »

L. BOUGNOL.

La Prière au Village 2 50

ED. BRUGUIÈRE.

La Chapelle de Guillaume Tell . 2 50
Les Vacances 2 50

L. CLAPISSON.

Balançons-nous. 2 50
Les Glaneuses 2 50
Duettino des *Mystères d'Udolphe* 6 »

J. CARULLI.

Les jeunes filles et les fleurs. . 2 50
La Vierge dorée 2 50

SIX MÉLODIES RELIGIEUSES.

Nº 1. La semaine sainte . . . 3 75
2. Chant des mères moscovites. 3 75
3. O notre Père. . . . . . 3 »
4. Les Suisses 3 75
5. Des abîmes profonds . . 3 75
6. Ischia 4 50

CH. HAAS.

Aux jeunes filles 2 50
Les jeunes Tyroliennes . . . 2 50

F. MASINI.

Que la mer est belle 2 50

H. MONPOU.

Exil et retour 2 50

A. PANSERON.

Allons danser sur la colline . . 2 50

CHOEURS.

POUR DEUX SOPRANI ET MEZZO SOPRANO OU CONTRALTO.

X. BOISSELOT.

Prière à la Vierge, *chœur à 3 voix* 3 »

CH. BOVY-LYSBERG.

Les cloches du soir, nº 2, pʳ 3 *voix* 3 »

BRUGUIÈRE,

Hymne à Marie, *chant à 3 voix*. 2 50
Les Vacances, *chans. à 3 voix* . 2 50

G. CARULLI,

MÉLODIES POUR TROIS VOIX ÉGALES.

Nº 1. Les Suisses . . . . . . 3 »
2. La Semaine sainte . . . 3 »
3. Les Adieux à la mer. . . 3 »
4. Chant des mères moscovites. 3 »
5. Des Abîmes profonds. . . 3 75
6. Ischia 3 75
Nº 7. O notre Père. 2 50
8. Les Sylphes. . . . . . 5 »

FÉLICIEN DAVID.

Hymne au Créateur, *chœur à 3 voix sur le Chant du Soir, avec parties séparées*. . . . . 5 »
La Prière, *chœur à 4 voix de Christophe Colomb, avec parties séparées* . . . . . . 5 »

F. HEROLD.

Aux pieds de la Madone, *prière de* ZAMPA, *à trois voix*. . . 2 50

H. MONPOU.

Ici l'on passe des jours, *chœur à trois ou quatre voix* . . . 3 75

ORPHÉUS DES JEUNES PENSIONNAIRES,

SIX CHOEURS POUR TROIS VOIX, AVEC LES PARTIES SÉPARÉES, 1ᵉʳ RECUEIL,

Par A. Panseron.

	fr. c.		fr. c.
Nᵒˢ 1. Mes Sœurs, prions. . .	4 50	Nᵒˢ 4. O toi! Dieu tutélaire . .	5 »
2. Voici l'Aurore	7 50	5. Bannissez les alarmes. .	4 50
3. Le Départ des chasseurs .	5 »	6. Le Retour	5 »

Les six, réunies et brochées. Net: 12 fr.

Six Choeurs de Jeunes Filles.

POUR TROIS VOIX, AVEC SOLOS,

Paroles dé F. DE COURCY. — Musique de L. CLAPISSON.

Nᵒ 1. La petite chapelle. . .	3 »	Nᵒ 4. La danse aux chansons .	4 »
2. La chasse aux papillons .	5 »	5. Le mois de Marie. . . .	3 »
3. Les glaneuses	3 »	6. Les syrènes du Danube .	7 50

Les six réunis: 18 fr.

HYMNES RELIGIEUX,

SIX CHŒURS POUR TROIS VOIX, AVEC SOLOS.

Dédiés à M. l'abbé DE LA BOUILLERIE, vicaire général de Paris.

PAR ED. BRUGUIÈRE.

Nᵒ 1. Hymne à l'Ange gardien.	3 »	Nᵒ 2. Hymne au divin Créateur .	3 »

HYMNES A MARIE.

Nᵒ 3. L'Etoile des mers. . . .	4 »	Nᵒ 5. Notre mère des cieux . .	3 »
4. Ma blanche Etoile . . .	3 »	6. Bénissons le nom de Marie.	4 »

Les six réunis: 15 fr.

OUVRAGES THÉORIQUES.

A. LECARPENTIER.

PETIT SOLFÉGE POUR LES ENFANTS,
sans accompagnement.

5ᵉ édition, in-8ᵒ. net. 2 50

Le même avec piano . . . . . . 15 »

SOLFÉGE A DEUX VOIX,

Destiné aux classes d'ensemble . 3 »

G. KUHN.

SOLFÉGE DES CHANTEURS,
Ou Méthode analytique. Complet 45 »

THÉORIE DE LA MUSIQUE,
5ᵉ édition . . . . 12 »

SOLFÉGE DES ÉCOLES,
sans accompagnement.
Format in-8ᵒ. . . . . 9 »

36 LEÇONS DE CHANT FACILES ET GRADUÉES,

Par L. BORDESE.

Composées pour le médium de la voix, et suivies de 100 Exercices journaliers. Net: 7 f. 50

METHODE DE PIANO

POUR LES ENFANTS,
PAR A. LECARPENTIER.

12ᵉ édition, Prix . . . . 12 »

METHODE ELEMENTAIRE

POUR LES JEUNES ÉLÈVES,
PAR HENRI HERZ

Prix. . . . . 15 »

ÉTUDES DU CONSERVATOIRE,

Par HENRI HERZ.

1ᵉʳ *Degré. Op.* 151.	3ᵉ *Degré. Op.* 119, nᵒ 1.
24 Études pour les commençants 12 »	15 Etudes moyenne force . . . . 12 »
2ᵉ *Degré. Op.* 152.	4ᵉ *Degré. Op.* 119, nᵒ 2.
24 Etudes pour les petites mains 12 »	15 Etudes brillantes . . . . 15 »

5ᵉ *Degré. Op.* 153. 18 grandes Etudes de Concert en 2 livrais. Chaque: 18 fr.

www.ingramcontent.com/pod-product-compliance
Ingram Content Group UK Ltd.
Pitfield, Milton Keynes, MK11 3LW, UK
UKHW020525180726
13839UKWH00005B/2323